Joseph von Reichlin-Meldegg

Beurkundete Mordgeschichte

Joseph von Reichlin-Meldegg

Beurkundete Mordgeschichte

ISBN/EAN: 9783743330740

Hergestellt in Europa, USA, Kanada, Australien, Japan

Cover: Foto ©ninafisch / pixelio.de

Manufactured and distributed by brebook publishing software (www.brebook.com)

Joseph von Reichlin-Meldegg

Beurkundete Mordgeschichte

Beurkundete Mordgeschichte

der

französischen Gesandten

unweit Rastadt.

Mit 12 Urkunden.

1799.

Das Interesse, welches die ganze Menschheit an dieser in ihren Annalen unerhörten Geschichte findet, die vielen Deutungen, denen sie durch Parteisucht unterliegt, bewogen mich dem Publiko diese ächte Skizze mit den bewährenden Urkunden vorzulegen.

Nachdem Se. k. k. Majestät allerhöchst ihren Plenipotentiarius von dem Friedenskongreß in Rastadt abberufen, und derselbe am 13ten April 1799 diese Stadt verlassen, die Reichsdeputation in ihrer Sitzung vom 23ten ejusdem sich als suspendirt erkläret, und dieses unter Mittheilung des die Gründe ihres Entschlusses enthaltenden Protokolles der französischen Gesandtschaft bekannt gemacht hatte, deklarirte diese durch ihre Note vom 25ten, daß sie in 3 Tagen gleichfalls abgehen werde. Am Abend dieses Tages wurde indeß der mit einem Passe und Schild versehene Kourier der französischen Gesandschaft, welcher die Depeschen derselben nach Straßburg bringen, und bey dem nahe gelegenen badnischen Dorfe Plit=

Plittersdorf nach Selz über den Rhein fahren sollte, zwischen Rastadt und Plittersdorf von k. k. Husaren gefangen genommen, und nachdem man ihm alle bey sich gehabten Papiere abgenommen, mit demselben nach dem Standquatier des k. k. Obrist von Barbacsey nach Gernsbach abgeführt. Auf geschehene Requisition der französischen Gesandschaft, verwandten sich der kurmaynzische Direktorialgesandte, Namens sämmtlicher anwesenden Subdelegirten und Reichsdeputirten, und auch die königl. preußische kurbrandenburgische Gesandtschaft, mittels der (Anlage 1. 2.) abschriftlich beygefügten Schreiben, bey dem Obristen von Barbacsey dahin:

Daß den allgemeinen Grundsätzen des Völkerrechts gemäß, der arretirte Kourier nebst den Depeschen zurückgegeben, und die Sicherheit der Korrespondenz der französischen Mission für die noch kurze Zeit ihres Hierseyns, so wie ihre binnen 3 Tagen bestimmte Abreise auf keine Weise möchte gehindert werden.

Das

Das Schreiben des kurmaynzischen Ministers wurde noch in der Nacht vom 25ten durch einen Kourier nach Gernsbach befördert, der eine kurze Antwort des Obristen von Barbacey zurückbrachte, nach welcher (Anlage 3.) derselbe meldete, wie er den Vorgang des arretirten Kouriers der höhern Behörde angezeigt habe, und bis zu erhaltener Weisung die ihm geäußerten Wünsche nicht erfüllen könne. Mit dem Schreiben des königl. preußischen Ministers wurde am 26ten Morgens 5 Uhr der königl. Legationsrath, Graf von Bernstorf, abgesandt, um dessen Inhalt noch mündlich zu unterstützen. Da auch die französische Mission sich vorzüglich an den markgräfl. badenschen Staatsminister, Freyh. von Edelsheim gewendet, und den landesherrlichen Schutz reklamiret hatte, so hielt dieser Minister für nöthig, selbst den Grafen von Bernstorf zu begleiten, und dem k. k. Obristen von Barbacey alle diejenige Vorstellungen zu thun, die er den Verhältnißen und den Umständen angemessen fand. Die mündliche Antwort des

Obri=

Obristen war: daß er von diesen Vorstellungen an die höhere Behörde berichten, und das Schreiben des königl. preußischen Ministers einsenden, und sobald er dazu im Stande, antworten werde, bis dahin aber sich durchaus über nichts erklären könne. Die von dem Grafen von Bernstorf übergebene Relation (Anl. 4.) zeigt, wie bestimmt diese Weigerung jeder Art von Aeußerung gewesen sey.

Indeß wollten die französischen Minister an dem von ihnen angekündigten 3ten Tage den 28. Morgens 8 Uhr über Selz abreisen. Alle Anstalten waren gemacht. Ihre Wägen standen völlig bepackt im Hofe des Schloßes, wo sie wohnten. Unter den obwaltenden Umständen jedoch, da die k. k. Husarenpatrouillen die Gegend von Rastadt, besonders nach dem Rhein hin, durchstreiften; da bereits am 19. vorigen Monats mehrere deutsche Gesandte auf ihren Spazierritten von denselben angehalten, und einem derselben, dem fürstl. Würzburgischen, sogar seine bey sich habenden Papiere

piere abgenommen waren; und da die Erklärungen des Obristen von Barbacsey sowohl über diese Vorgänge, als über die Arretirung des französischen Kouriers so wenig Beruhigung wegen der Sicherheit der von den französischen Ministern anzustellenden Reise gaben — unter diesen Umständen konnte man nicht anderst, als diese Reise für bedenklich halten, da es wenigst möglich schien, daß diese Minister aus Misverstand von Husarenpatrouillen angehalten, und dadurch äußerst unangenehme Differenzien veranlaßt würden. Alle diplomatischen Personen, welche daher noch Gelegenheit hatten, die französischen Minister zu sehen, riethen ihnen angelegentlich, ihre Abreise noch, vielleicht nur um wenige Stunden, oder bis zum folgenden Tage aufzuschieben, da die Antwort des Obristen von Barbacsey auf die Verwendung des königl. preußischen und kurmaynzischen und badenschen Ministers jeden Augenblick erwartet werde. Die französischen Gesandten gaben diesen Vorstellungen, obgleich ungern, nach; vorzüglich aus der Be-

trach=

trachtung, daß es anständig seye, den Erfolg der von ihnen mit besonderm Danke erkannten Theilnahme der benannten Gesandten abzuwarten. Wie noch gegen 11 Morgens keine Antwort gekommen war, schrieb der kurmaynzische Minister, Freyh. von Albini, nochmals an den Obristen von Barbacsey, und erbath sich seine Erklärung: ob die französischen Gesandten, welche im Begriff seyen abzureisen, wenn sie mit Pässen des Freyh. von Albini versehen wären, irgend ein Hinderniß zu besorgen hätten. Man hofte, die mit diesem Schreiben abgesandte badensche Ordonanz würde gegen 3 oder 4 Uhr Nachmittags mit der Antwort zurück seyn. Dieß war aber nicht der Fall. Dagegen traff Abends zwischen 7 und 8 Uhr ein k. k. Husarenofficier mit einigen Gemeinen ein, welcher sich auf das Schloß zu dem kurmaynzischen, und zugleich auch zu den französischen Ministern begab, jenen (wie derselbe dem mitunterzeichneten Grafen von Görz, von Dohm, und Grafen von Salms-Laubach gesagt) mündlich Namens des Obristen von

Barbacsen entschuldigend, daß derselbe wegen vielen Beschäftigungen nicht schriftlich antworten könne, indeß hiemit anzeigen wolle, die französischen Minister könnten mit Sicherheit reisen, und es seye ihnen sogar dazu ein Termin von 24 Stunden bestimmt. Die königl. preußische Gesandschaft aber wurde auf ihr Schreiben von dem Obrist von Barbacsey weder mit einer schriftlichen noch mündlichen Rückäußerung versehen.

Den französischen Ministern übergab der k. k. Officier ein Schreiben. Der königl. preußische Minister von Dohm ist von den Unterzeichneten der einzige, der durch einen Zufall *)

es

---

*) Dieser Zufall wollte, daß der genannte Gesandte, wie er nebst den meisten andern diplomatischen Personen auf die Nachricht von dem k. k. Officier, das mit dem Einrücken der Truppen verbunden war, aufs Schloß eilte, vor dem Zimmer des französischen Legationssekretairs Rosenstiel gerade in dem Moment vorbeygieng, wie dieser mit dem k. k. Officier

in

es gelesen, und kann verbürgen, daß dessen Inhalt im Wesentlichen folgender war:

Minister,

Sie werden von selbst einsehen, daß in den von k. k. Truppen besetzten Positionen keine französischen Bürger geduldet werden können. Sie werden es mir daher nicht übel deuten, Minister! wenn ich Ihnen andeuten muß, binnen 24 Stunden Rastadt zu verlassen.

Gernspach den 28ten April 1799.

von Barbacsey.

Die

---

in dasselbe aus dem Zimmer des Jean Debry (wo der Officier allen 3 Ministern das Schreiben übergeben hatte) herausgieng, und dieses Schreiben in der Hand hatte. Er übergab es dem Gesandten von Dohm aus eigener Bewegung, und während jener das verlangte Recepisse über richtige Lieferung um 7½ Uhr schrieb, hatte letzterer Zeit, es zweymal mit Aufmerksamkeit zu lesen.

Die französischen Minister entschlossen sich sofort abzureisen, und waren von diesem Entschluße auch durch die Vorstellung nicht abzubringen, daß sie erst nach eingebrochener Nacht am Rhein seyn könnten, und alsdann die Ueberfahrt doch immer etwas bedenklich seye. Diese Gesandte fuhren wirklich gegen 8 Uhr, eine halbe Stunde nach dem erhaltenen Schreiben, in 8 Wägen ab, welche größtentheil von den dazu aus dem Stalle des Markgrafen hergegebenen Kutschern und Pferden geführt wurden. Zugleich mit dem das Schreiben übergebenden Officier waren etwa 50 Mann k. k. Szekler Husaren in die Stadt gekommen, hatten sich vor dem landwärts gelegenen Ettlinger Thor gelagert, und es wurden von ihnen sämtliche Thore zugleich mit den auf ihren Posten bleibenden markgräfl. badenschen Soldaten besetzt.

Man erfuhr bald, daß der Befehl ertheilt seye, keine zum Kongreß gehörigen Personen heraus oder herein zu lassen, und der die k. k.
Hu-

Husaren kommandirende Rittmeister sagte dem markgräfl. badenschen Kommandanten, Major von Harrant, wie er das Verbleiben seiner Wachen an den Thoren nur deßhalb verlange, damit diese der k. k. Wache alle diplomatische nicht heraus oder herein zu lassende Personen anzeigten. Ohngeachtet dieser Einschränkung des Befehls auf zum Kongreß gehörige Personen wurde doch schlechterdings Niemand, auch nicht einmal über die Kommunikationsbrücken zwischen Stadt und Vorstädten durchgelassen. Selbst der nur genannte badensche Stadtkommandant konnte die Erlaubniß herauszureiten nicht erhalten, welches er auf das erste Gerücht von dem bald erfolgenden Vorgang verlangte. Der mitunterzeichnete königl. dänische=herzogl.=hollsteinische Gesandte hatte seine Abreise auf denselben Tag festgesetzt, und erwartete nur den Augenblick, da die von dem Obrist Barbacsey zu hoffende Antwort die Abreise der französischen Minister würde entschieden haben. So wie er also diese auf dem Schloß mit den meisten andern

Glie=

Gliedern des diplomatischen Korps erfahren, gieng er in der Absicht zu Hause, um Anstalten zu seiner Reise zu machen. Auf die im Vorbeygehen am Stadtthore von den dasselbe so eben besetzenden Szekler Husaren erhaltene Nachricht, daß Niemand herausgelassen werde, begab er sich durch den Schloßgarten zu dem auf der Chaussee mit seinen Truppen haltenden kommandirenden Officier, einem Rittmeister, und fragte ihn, ob er nicht diesen Abend noch abreisen könne? Dieser Officier antwortete: Er habe Befehl, Niemanden herauszulassen. Auf die Erwiederung, daß aber den französischen Ministern die Abreise von seinem Chef, dem Obrist, angedeutet seye, und diese im jetzigen Augenblicke aus dem Rheinauerthor abfuhren, versetzte der Rittmeister: die Abreise der französischen Gesandten zu hindern habe er keinen Befehl. Auf weiteres Befragen des dänischen Gesandten, ob denselben eine Escorte mitgegeben werde, sagte er: dazu habe er keinen Befehl; und wie jener ihm dringend vorstellte, wie die Ehre deutscher Nation

tion erfodere, doch alles anzuwenden, damit keine Unordnung bey dieser Abreise vorfiele, erwiederte der Rittmeister: Er habe für nichts als für seine eigene Sicherheit zu sorgen, machte auch noch die Bemerkung: der kaiserl. Plenipotentiarius sey schon so lange fort, daß die deutschen Gesandten wohl bereits Zeit gehabt abzureisen.

Wie die französische Gesandschaft ans Thor kam, wurde ihr das Herausfahren verweigert, die drey Minister stiegen sogleich aus, und giengen mit Zurücklassung der Wägen, worinn sich ihre Familien und Leute befanden, auf das Schloß zu dem kurmayn-zischen Minister. Kein Mensch konnte die-sen Widerspruch zwischen der Ankündung binnen 24 Stunden abzureisen, und diesen Anhalten am Thore begreifen. Der mit un-terzeichnete königl. dänisch. Gesandte, wel-cher mit vielen andern sich auf dieses neue Ereigniß sogleich zu dem Kurmaynzischen be-gaben, gab nach seiner nur erwähnten Un-
terre-

terredung mit dem Rittmeister hierüber die Aufklärung, welche der von Freyhr. von Albini an diesem Offizier abgesandte Legationssekretär Freyhr. von Münch, auch bald officiel dahin bestättigte: daß bey Besetzung der Thore der Befehl, Niemand heraus zu lassen, ertheilt: die Ausnahme wegen der französischen Gesandschaft aber zu zusetzen seye. Dieses, versicherte der von Münch, sey nun geschehen, und die französischen Minister könnten ohne Hinterniß reisen. Diese fanden indeß jetzt nöthig, um nicht durch andere auf ihrem Weg nach Plittersdorf vielleicht befindliche Patrouillen abermals angehalten zu werden, um eine militärische Escorte anzusuchen. Der kurmaynzische Legationssekretär übernahm dieses dem Rittmeister vorzutragen, und die französischen Gesandten fuhren nun wiederum in einem markgräflichen Wagen nach dem Thore zu den ihrigen. Sie mußten hier sehr lange auf die Antwort warten, welche endlich der markgräfl. badnsch. Major von Harrant überbrachte. Sie war

fol=

folgende: Der Rittmeister könne eine Escorte nicht geben, weil er dazu keine Ordre habe; die französischen Gesandten würden aber kein Obstacle in ihren Wägen finden. Auf die hierauf von dem Major von Harrant gethanene Frage: ob dieses so zu verstehen, daß die französischen Minister sicher über den Rhein gehen können, und er (der von Harrant) dieses den französischen Ministern sagen könne, bejahte es der Rittmeister. Die französischen Gesandten entschlossen sich nach einigen Ueberlegen, lieber ohne Escorte abzureisen, als wiederum auf das Schloß zurück zu fahren, und den Anbruch des Tags zu erwarten, wie verschiedene riethen, und selbst die Frauen der Gesandten wünschten. Zwischen 9 und 10 Uhr fuhren also die französischen Gesandten wirklich zum Thor hinaus. Es war stockfinster, eine Fackel wurde vorgetragen.

Etwa eine gute Viertelstunde nachher entstund von mehrern Seiten das Gerücht, die

Wägen der französischen Gesandten seyen dicht vor dem Thore von österreichischen Husaren gewaltsam angefallen, und mit Säbeln auf die Kutscher und den Fackelträger gehauen worden. Die meisten diplomatischen Personen befanden sich in dem gesellschaftlichen Kasino versammelt. Der ligürische Gesandte Boccardi nebst seinem Bruder, welche in dem letzten Wagen gefahren waren, brachten hieher flüchtend die erste Nachricht. Man beschloß einmüthig, insgesammt sofort zum Rittmeister zu gehen, von ihm Aufklärung, und vor allem schleunige Hilfe zu begehren. Wenige Minuten nachher kam die betäubende Nachricht: — es sey ein — es seyen zwey, es seyen alle drey französische Minister von dem k. k. Militäre ermordet. Keine Vernunft konnte eine solche Gräuelthat denkbar, kein Herz konnte sie möglich finden. Nein — Nein — war der allgemeine Ruf, es ist falsch. Aber das Verlangen irgend ein unglückliches Mißverständniß so schnell wie möglich zu heben, beschleunigte die Schritte

b zum

zum kommandirenden Offizier. Er hatte sein Quartier etwa 20 Schritte vor dem Ettlingerthor in dem Wirthshause (die Laterne). Die Wache am Thore weigerte sich die Gesellschaft durch zu lassen, welche sich doch als Gesandte vom königl. fürstl. Höfen ankündigten: nur mit äußerster Mühe erhielt man, daß ein Unteroffizier uns meldete; nochmal wurde gefragt, welche Gesandte es wären? mit ängstlicher Genauigkeit vorgeschlagen, daß nur 3, 4, 6, zum Rittmeister gehen möchten. Dieses währte fast eine halbe Stunde. Endlich zeigte sich dieser Offizier. Der mitunterschriebene königl. preussische Minister Graf von Görz that ihm im Namen aller den kurzen Vortrag: „Wir verlangen zu wissen, welche Maasregeln er auf die ohne Zweifel ihm bereits gemeldete schreckliche Nachricht genommen? er erwiederte, daß er auf Verlangen des schon bey ihm gewesenen kurmaynzischen Ministers einen Offizier mit 2 Husaren abgeschickt habe. Wir glaubten, daß dieses nicht hinlänglänglich. Wir beschworen ihn bey allen Gefühlen der Menschheit, bey dem Wohl von Europa, bey der deutschen Nation, die durch ein Verbrechen ohne gleichen in den Annalen gesitteter Völker befleckt zu werden bedrohet seye — bey der Ehre seines allerhöchsten Monarchen, bey der Ehre des k. k. Dienstes, bey seiner persönlichen Ehre, bey seinem Leben, alles, alles aufs schnellste zu thun, um noch zu retten, was zu retten seye. Der Rittmeister antwortete: „es seye ein unglückliches Mißverständniß; bey der Nacht schweiften freylich die Patrouillen umher, und da könne dergleichen leicht geschehen. „Die französischen Minister hätten nicht bey der Nacht reisen sollen." Man hielt ihm vor, daß er die Escorte abgeschlagen, und dem markgräfl. Major von Harrant gesagt, es seye für die französischen Gesandte nichts zu befürchten. Er versetzte: „er habe keinen Befehl gehabt, die Escorte zu geben, man hätte sie bey dem kommandirenden Obrist suchen müssen." Der königl. preußische Legationsrath, Graf von

Barn-

Bernstorf sagte: er selbst habe dem Obrist bey seiner Sendung an denselben gefragt, ob er eine Escorte geben würde? Hat er sie Ihnen zugesagt? war die Antwort des Rittmeisters. Wie der mitunterzeichnete königl. dänische Gesandte ihm die mit ihm gehabte vorerwähnte Unterredung vorhielt, sagte er: „Wollen sie hier mit mir Inquisition anstellen?" Als wir über jede andere Betrachtung, welche die Begegnung, die wir erdulden mußten, uns eingeben konnte, uns wegsetzend, inständigst in ihn drangen, bathen, flehten, doch keinen Augenblick zu versäumen, um vielleicht noch das Leben von Menschen, die Ehre seines Dienstes zu retten, verlangte er Nachricht, wo denn die Wägen der Gesandten wären, und andere nähere Aufklärung von u n s, die s e i n e Befehle in der Stadt einsperrten; von u n s, die wir zu ihm kamen, um zu hören, welche Nachricht Er habe, welche Maasregeln Er getroffen, um eine Unthat wo möglich noch aufzuhalten, die das Gefühl aller Menschen, aber zunächst s e i n e und s e i n e s Dienstes Ehre

re interessirte. Endlich erlangten wir, daß er noch einen Officier mit 6 Husaren zugleich nebst dem badenschen Major von Harrant und 2 badenschen Husaren auf die Landstrasse nach Plittersdorf abzusenden versprach. Nun kamen indessen schon mehrere vom Mordplatz geflüchtete, die es bestättigten, daß wirklich alle 3 Minister von Szekler Husaren mörderisch angefallen, und aus dem Wagen gerissen seyen. Die Ermordung des Bonnier wurde von einem Augenzeugen, der die Fackel bey seinem Wagen getragen, berichtet. Der markgräfl. Major von Harrant, dem indeß statt des zugesicherten k. k. Officiers nur ein Wachtmeister mitgegeben war, fand die Wägen noch auf dem Platze der Gräuelthat von etwa 50 Szekler Husaren, die mit Fackeln versehen waren, umringt (wobey er keinen Officier bemerken konnte), die im Begriffe waren, dieselben mit allen darin befindlichen unglücklichen, meistens in der Betäubung sinnlos liegenden Menschen um die Stadt herum abzuführen. Wie der von Harrant ihnen ankündigte, daß die Wä-

gen

gen wieder nach der Stadt geführt werden müßten, wollten dieses die k. k. Husaren anfangs nicht zugeben, und behaupteten, die Wägen seyen **ihre Beute**; nur mit Anwendung von starken Drohungen behauptete der Major von Harrant, daß er im Namen des Rittmeisters, als der einzige Officier, jetzt hier kommandire, und allein über die Wägen zu disponiren habe.

Er fand die Leichnahme von Bonnier und Roberjot auf der Erde schrecklich mishandelt liegen. Da er den Jean Debry weder lebendig noch todt fand, gab er sich alle Mühe, ihn zu suchen, schlug auch vor, unter Bedeckung von ein Paar k. k. Husaren mit den Seinigen ins Holz zu reiten, um ihn durch Rufung seines Namens vielleicht zu entdecken. Aber die Husaren weigerten ihm diese Bedeckung, weil man in dem Holze auf andere k. k. Patrouillen stossen könne, welche in der Dunkelheit der Nacht die eigenen Leute nicht kennen, und anfallen würden. Der von Harrant mußte also
die

die Ausführung seines Vorhabens bis zu Tagesanbruch aussetzen, und brachte indeß sämtliche Wägen in die Stadt zurück. Die Gattinn von Roberjot und Jean Debry, die Töchter des erstern Ministers, die Sekretärs und Bedienten saßen darin. Niemand von allen war verletzt; mehrere waren zwar des bey sich gehabten Geldes, Uhren u. s. w. beraubt, aber nur die drey Minister angefallen. Diese Wagen hielten nun vor dem Schloße, jeder drängte sich den Unglücklichen, die sich darin befanden, zu nähern, und ihnen möglichste Hilfe zu geben. Aber Niemand, auch die ansehnlichsten Gesandten nicht, wurden zugelassen, weil in Ermanglung eines Officiers, nun zuerst militairische Befehle eingeholt werden mußten.

Endlich gelangte man dazu, die im Wagen halb todt liegende Madam Roberjot in das Haus des königl. preußischen Gesandten, Freyh. von Jakobi, vor welchem der Wagen hielt, tragen zu dürfen. Die Madam Debry mit ihren 2 Töchtern mußten auf der Straße

aus-

aussteigen, weil man schlechterdings nicht erlauben wollte, daß die Wägen ins Schloß fuhren. Diese mußten vielmehr nach der Wache im Ettlinger Thor gebracht werden, und man erbath sich die herrschaftlichen Pferde, um sie morgen früh nach Gernspach zu führen, welches jedoch am folgenden Morgen abgestellt wurde. Jene Damen wurden also zu Fuß von mehrern diplomatischen Personen in ihr bisheriges Quatier im Schloße geführt; man brachte sie indeß, um diesen Unglücklichen destomehr beystehen zu können, bald nachher in das Haus des mitunterschriebenen kurbraunschweigischen Gesandten.

Ueber die Ermordung des Roberjot hörte man nun von seinem Kammerdiener, der in demselben Wagen gesessen, die umständliche Nachricht: Es seyen Husaren an den Wagen gesprengt, haben dessen Glasfenster zerhauen; gefragt: Minister Roberjot? worauf derselbe französisch geantwortet: Ja! mit Vorzeugung seines Passes vom kurmaynzischen Direktorialgegesandten. Die Husaren haben diesen Paß zerrissen, den Minister gewaltsam aus dem Wagen genommen, auf ihn stark losgehauen, und wie der Unglückliche noch einige Zeichen des Lebens gegeben, und seine Gattinn gerufen: O sauvez, sauvez! noch stärker zugehauen: die Gattinn habe sich auf ihn stürzen, und auch zerhauen lassen wollen; aber der Kammerdiener habe sie umschlungen, und ihr die Ohren zugehalten, damit sie das schreckliche Todesröcheln nicht höre. Ihn, den Kammerdiener, habe ein Husar aus dem Wagen geworfen, gefragt: Domestique? und wie er es bejahte, ihm mit Zeichen zu bedeuten gesucht, daß ihm nichts geschehen werde: doch habe man ihm die bey sich gehabte Uhr und Geld abgenommen; auch die Madam Roberjot sey der bey sich gehabten beraubt. Doch haben einige voraus bemerkt, daß der Wagen noch nicht ganz ausgeplündert war, sondern auf dem Boden verschiedene Beutel und Sachen von Werthe lagen, wie die Unglückliche aus dem Wagen gehoben wurde. Sie fiel von einer Ohnmacht in

die

die andere; doch hörte man mehrmal unter schreckliche Schluchzen mitunter die Worte: on a haché devant mes yeux.

Der Legationssekretair Rosenstiel hatte sich, weil er in einem der hintern Wagen, und also der Stadt nahe war *), vermuthlich durch die Gärten noch gleich bey Anfang des Angriffes in dieselbe geflüchtet, und man erfuhr, daß er im badenschen Gesandtschaftsquatier in einem Zustande gänzlicher Geistesverwirrung seye. Alle übrige zu der französischen Mission gehörige Personen kamen gleichfalls einzeln geflüchtet oder mit den Wagen an. Der Minister Jean Debry allein wurde noch vermißt, und die Gewißheit seiner Ermordung wurde wenigstens durch keinen Augenzeugen bestättiget. Bey der Möglichkeit ihn noch zu retten, wurde für das bringendste von allem gehalten, deßhalb wenigstens zu thun, was in menschlichen Kräf-

---
*) Der Mordplatz ist nach der legalen Anzeige des Rastadter Oberamts etwa 200 Schritte von der Vorstadt entfernt.

Kräften seye. Einige von uns giengen zum Rittmeister, und bathen ihn um eine Escorte für den badenschen Major von Harrant, der mit einigen badenschen Husaren den vielleicht noch lebenden Jean Debry auffuchen wollte. Der mitunterschriebene Reichsgraf von Salm-Laubach erboth sich ihn zu begleiten, und mit seiner dem französischen Minister bekannten Stimme dessen Namen zu rufen. Der Rittmeister bewilligte die Escorte, und gegen Anbruch des Tages, Morgens um 4 Uhr ritten der Graf von Salms, Major von Harrant, nebst 4 badenschen Husaren, unter Escorte von einem k. k. Korporal und 4 gemeinen Husaren ab, und durchsuchten die ganze Gegend und besonders das Holz nach Steinmauern und Plittersdorf. Sie hatten nicht das Glück den Minister Jean Debry zu finden, aber sie erfuhren einige zur Aufklärung dieser Geschichte höchst erhebliche Umstände.

Wie nämlich der Major von Harrant sich bey dem Schulzen in dem Dorfe Rheinau,

nach

nach irgend einer Spur des Geflüchteten erkundigte, und dessen Nachforschung aufgab, erfuhr er, daß auch die k. k. Husaren dort bereits eben diese Erkundigung nach einen sich geflüchteten blessirten Franzosen, an dessen Wiedereinbringung ihnen alles gelegen, angestellt, dabey aber ausdrücklich und angelegentlichst verlanget hatten, wenn man diesen von ihnen nach seinen Aeußern und Kleidung beschriebenen Franzosen fände, solle man ihn ja nicht nach Rastadt, sondern um die Stadt herum durch einen bezeichneten Weg zu ihnen nach Mückensturm bringen, oder ihm sicher verwahren, und melden, daß sie ihn abhollen könnten.

Es war nun zur Milderung des schrecklichen Vorfalls alles geschehen, was die Umstände möglich machte; jetzt war die nächste Sorge für die Sicherheit sämmtlicher in Rastädt noch befindlicher diplomatischer Personen, ihre Familien, und Gefolge, so wie für die sichere Ueberführung der geretteten Personen der französischen fischen und ligurischen Gesandtschaften. Die Unterzeichneten erließen deßhalb in Anlage Nro. 5 beygefügte Schreiben an dem Obristen von Barbacsey, womit sie unter Begleitung einer von dem kaiserl. Rittmeister mitgegebenen Ordonanz den königl. preußischen Legationssekretär von Jordan nach Gernsbach den 29. Morgens um 4 Uhr absandten.

Um 7 Uhr Morgens kam der französische Minister Jean Debry in das Haus des königl. preußischen Ministers Grafen von Görz. So fürchterlich sein Aussehen war, so entzückend war es für alle, die das Glück hatten, Zeugen zu seyn. Seine Erscheinung und die Theilnahme an den ersten Ergießungen seines dankvollen Herzens, die er auf die Nachricht, daß auch seine Gattinn und Kinder leben, niederknieend gegen Gott, der ihn durch Wunder rettete, ausdrückte. Seine Kleidung war ganz zerhauen, er war am linken Arm, an der Schulter, und über der Nase verwundet, ein Hieb auf dem Kopf

hatte

hatte wegen Hut und Perique nur eine Contusion veranlaßt. Man wandte sofort alle mögliche Fürsorge an, und nun hörte man die rührende Geschichte seiner Rettung. Auch er war zu erst von einem Husaren, und zwar in französischer Sprache mit den Worten: „Eſt-ce que tu es Jean Debry? befragt, und auf sein Bejahen und Vorzeigen des Paſſes, wird dieser zerreiſſen, er, so wie die Frau und Töchter mit aus dem Wagen gewaltsam herausgezogen, und auf ihn gehauen. Er war in den Graben am Wege geworfen, und hatte die Geistesgegenwart sich sofort todt zu stellen, und als solchen ausplündern zu laſſen. Dieses rettete ihn. Wie die Husaren weg waren, stand er auf, und eilte in den Wald. Da er im Regen sich nicht auf die naſſe Erde legen wollte, kletterte er ungehindert des stark verwundeten linken Arms auf einen Baum, wo er sich, zuweilen vor Mattigkeit halb schlummernd bis zum anbrechenden Tage erhielt, und dann den Weg nach der Stadt suchte. Wie er dieser näher kam,

kam, verbarg er sich unter dem zusammen gedrängten Volke, das aus der Stadt zur Besichtigung der Leichname gekommen war, kam so eben von k. k. Patronillen unbemerkt vorbey, und endlich durch das Thor, ohne von der österreichischen Wache angehalten zu werden. Der entsetzlichste Anblick für ihn war der Leichnam seiner zwey Kollegen, bey welchen er dicht vorbey gehen mußte.

Noch war die Antwort des Obristen nicht gekommen. Man wünschte indeß dringend, wo möglich noch heute die nun sämmtlich vereinigte Gerettete der französischen Gesandtschaft bald möglichst über den Rhein zu bringen, und wegen dieser bewirkten Uebereinkunft noch bey Tage unterrichtet zu seyn, um alsdann selbst abreisen, und noch vor anbrechender Nacht Karlsruh erreichen zu können. Gegen 9 Uhr giengen deßhalb die mit unterzeichneten von Dohm und von Rosenkranz und von Gemingen zum Rittmeister, und erklärten ihm, daß, sobald der Zustand

des

des verwundeten Jean Debry und der Wittwe des ermordeten Roberjot es erlauben würden, sämmtliche gerettete Individuen mit ihren Effekten, unter badenscher militätischer Bedeckung, und in Begleitung mehrerer diplomatischer Personen nach Plittersdorf an den Rhein gebracht werden sollten, wenn er für die Sicherheit mit seiner Ehre und Leben repondiren, und eine Escorte von einem Officier und 2 Husaren geben wolle. Nach einigen gemachten Schwierigkeiten, besonders wegen der Begleitung vom diplomatischen Corps gestand es der Rittmeister zu, verlangte aber, man sollte ihm den Antrag schriftlich geben. Dieß geschah nach Anlage 6.

Es entfielen bey dieser Unterredung dem Rittmeister noch einige Bemerkungen, die erwähnt zu werden verdienen. "Es seye ein Unglück, aber wer dafür könne?" "Auf Befehl seye es nicht geschehen," man gab ihm das Entsetzen zu erkennen, daß die

Aeuße-

Aeußerung nur der Möglichkeit eines solchen Verdachtes in jedem ehreliebenden Manne erregen müsse. Er suchte die Grösse des Verbrechens dadurch zu mindern, daß er sagte: „auch ihnen seyen wohl Generals todt geschossen."

Auf die Empfindungen, welche Aeußerungen dieser Art in dem Munde eines Offiziers, dem jetzt die Sicherheit unser aller anvertraut war, in uns erregen mußten, war das Schreiben des Obristen von Barbacsey eine Aufrichtung, welches endlich der vom Jordan gegen 11 Uhr überbracht hat. Er hatte den Obristen nicht selbst sprechen können, und obgleich er demselben sagen lassen, daß er Namens nicht nur der königl. preußischen Gesandschaft, sondern sämmtlicher in Rastadt befindlicher Gesandten komme, so wurde ihm gesagt: der Obrist könne ihn nicht sprechen, und wenn er vom Gott dem Vater und dem Sohn käme. Der vom Jordan hatte auch alle Mühe, dem Rittmeister,

meister, welchen er in Rottenfeld traf, zu bewegen, nur das Schreiben an den Obrist gelangen zu lassen, da derselbe, wie er sagte, schon Couriere und Estaffeten diese Nacht genug bekommen hätte. Der vom Jordan war so lange aufgehalten, weil man zu Gernsbach ein falsches Gerücht gehabt, die Franzosen seyen schon bey Rastadt. Das Schreiben des Obristen (Anlag 7) ist eines Mannes von Ehre und Herz würdig. Er verspricht sichers Geleit für die Geretteten der französischen Gesandschaft, und erklärt es für uns übrige nicht thunlich, aber auch ganz unnöthig.

Nun wurden sogleich alle Anstalten getroffen, um die Farth nach den Rhein bald möglichst anzustellen. Arzt und Chyrurgus hielten sie bey der Verwundung des Jean Debry weniger bedenklich, als die Fortdauer des hiesigen angstvollen Zustandes, und er selbst, so wie die Madame Roberjot wünschten sehnlichst keinen Augenblick länger, als
unum-

unumgänglich nöthig, zu bleiben. Wir alle theilten ihre Empfindung mit.

Der Rittmeister hatte zugleich mit unsern Schreiben die nöthigen Befehle wegen dieser Abführung erhalten, unter denen aber, wie er sagte, ihm auch ausdrücklich aufgegeben seye, keine Begleitung von diplomatischen Personen zu gestatten, da die deutsche Gesandtschaften ihre Rückreise antretten, nicht aber über den Rhein gehen könnten. So auffallend diese Behandlung war, so würde doch jede Vorstellung hierüber bis morgen aufgehalten haben, und dieß war Beweggrund genug, sie zu unterlassen.

Der mit unterzeichnete Freyherr von Gemingen verabredete nun alle Bedingungen der Abreise, der badensche Major von Harrant sollte mit 6 Mann badenscher Husaren sie decken. Nur der königl. preußische Legationssekretär von Jordan, welcher durch die Sendung nach Gernsbach mit dem Militäre

näher

näher bekannt geworden, erhielt von allen diplomatischen Personen allein die Erlaubniß, den Zug zu begleiten, welches den unglücklichen Hauptpersonen desselben sichtbar zum Trost gereichte. Um 1 Uhr Nachmittags begann also endlich zum drittenmal der Zug. Wer kann es den aus so schrecklicher Gefahr erst Geretteten verübeln, wenn sie zitternd und todtenblaß ihn antratten? wenn es uns allen unendlich schwer wurde, das feste Vertrauen, es seye jetzt jede Gefahr undenkbar, in ihr geängstetes Herz übergetragen? Sie sagten, daß sie unsern Versicherungen glaubten, aber unter sich, und denen, die ihnen am nächsten waren, lispelten sie die Worte zu: Wir gehen in den Tod, wir werden gemordet. Jean Debry nahm von Frau (sie ist hoch schwanger) und Töchtern den rührendsten Abschied. Rosenstiel empfahl die Seinen, welche schon längst in Regensburg waren, seinem Schwager, dem herzogl. Sachsenweimarischen Legationsrath Weyland. Unsere Vernunft gab ihnen Unrecht. Aber wel-

welches Herz konnte sie tadeln? nach dem Vorgegangenen, und bey dem Anblick der militärischen Bedeckung in derselben Uniform, welche auch die Mörder der ihrigen getragen? Gott Lob! Diese fürchterlichen Ahndungen waren umsonst! Die Reise war von keinem widrigen Zufall begleitet. Die Escorte der k. k. Husaren vermehrte sich unterwegs bis an 30 Mann. Mann wußte nicht mit Gewißheit, ob Plittersdorf noch von k. k. Husaren, oder schon von Franzosen besetzt seye. Es fand sich das erstere. In 1½ Wegstunde war man dort. Das Ueberfahrtsschiff ward durch den mitgenommenen Trompeter vom französischen Ufer herüber gerufen. Sämmtliche Personen giengen sofort hinein. Der Uebergang der noch immer gehabten Todesangst in den Ausdruck des Glaubens der Rettung auf ihren Gesichtern ist unschreibbar. Auch die Aeußerung ihres Dankes gegen den Major von Harrant und den von Jordan war nicht durch Worte zu fassen. Jean Debry dankte auch dem k. k.

Offizier, der die Escorte geführet, in wenigen Worten, die der Major von Harrant diesen übersetzte. „Obgleich, sagte er, was vorgegangen, zu vergessen unmöglich seye, so werde er doch diese nun bewirkte sichere Begleitung nie vergessen, und wenn je einige von dem Regimente durch das Kriegsglück in die Hände seiner Nation fielen, so werde er Jean Debry alles thun, damit nur dieser letzten Handlung gedacht durch sie jede Empfindung von Rache verdrängt werde. Er gab der Escorte noch ein Douceur, so wie seine Gattin beym Abfahren aus der Stadt dem Staatsminister Freyhrn. von Edelsheim eine Rolle mit 100 Louisdor für die Armen von Rastadt eingehändiget hat. In einer halben Stunde waren sie am französischen Ufer.

Noch war die Gräuelthat dort unbekannt, und nach dem Aussagen der zurückgekommenen Kutscher schien es, daß Jean Debry selbst

selbst ihre Bekanntmachung noch zu verhindern bemüht war. Die Wägen wurden nun auch nach einander über den Rhein gebracht, und erst wie dieses vollständig geschehen, kehrten der Major von Harrant und der Legationssekretär von Jordan nach Rastadt zurück, aus welcher Stadt indeß um 5 Uhr, wie man aus dem Umstande, daß gar keine Nachricht gekommen, gewiß war, daß die Ueberfahrt ohne widrigen Zufall geschehen seye, die deutschen Gesandtschaften nach Karlsruh abgefahren waren.

Die vollkommenste Wahrheit aller hier vorgelegten Thatsachen bekräftigen und versichern wir sämmtliche unterschriebene auf Ehre und Pflicht. Wir sind von einem Theile derselben Augenzeugen gewesen, die andern haben wir von den handelnden Personen und Zeugen mit gewissenhafter Genauigkeit erforschet. Wir haben nur die Fakta rein und genau dargestellt, vor aller Verfälschung sie möglichst bald sichern zu wollen. Jedes
Un-

Urtheil, jede Aeußerung vom Empfindung haben wir, in sofern es möglich war, unterdrückt.

Karlsruh am 1. May 1799.

Graf von Görz,   Freyhr. von Jakobi,
Rosenkranz,   K. von Dohm,
Graf zu Salms Lau-   Rechberg,
bach,   Franz Rheden, Gaert,
Carl Freyhr. v. Kruse, Otto von Gemmingen,
     Graf von Taube.

Nach dieser unerhörten Geschichte wurden auf Befehl der Markgräfl. Badenschen Subdelegation durch den Hofrath, und geheimen Sekretär Posselt diejenigen 4 Postillions, welche die Bevollmächtigten französischen Minister am 28. April Abends über Plittersdorf nach Sulz führen sollten, summarissime vernommen (Anl. 8.).

Alle Aussagen stimmen überein, daß die Thäter k. k. Husaren gewesen, die die zween Minister Jean Debry, und Bonnier todt zur Erde hinstreckten, und rein ausplünderten.

ten. Beyspiellos ist dieser Mord: vergebens rief Bonnier: Pardon! — — Die Unmenschen hörten ihn nicht. Die zum Friedenskongreß nach Rastadt bevollmächtigt gewesenen Gesandten, und Minister der Reichsstädte begaben sich nach Karlsruh. — Hier hielten sie Versammlung über den ganzen Vorfall, zeigten die Unthat am 1. May Sr. Hofräthl. Durchleucht zu Baaden durch ein eigenes Schreiben an, (Anlage 9.) am nämlichen Tage übersendeten sie auch an des Erzherzogs Karls königl. Hoheit den diplomatischen Bericht von dieser tragischen Geschichte, (Anlage 10.) der ihnen am 4. ejusd. aus dem Hauptquartier Stokach zurückschrieb, (Nro. 11) und sein Schreiben an General Massena beylegte. (Nro. 12). —

So weit die Spezies Fakti! — bewiesen durch die diplomatischen Belege! Mensch! Völker! Nachwelt! wendet reines, und praktisches Völkerrecht darauf an — dann sprecht unbefangen euer Urtheil! — —

Urkunden.

Nro. 1.
Schreiben
des Hrn. Freyherrn von Albini ꝛc. an den
k. k. Obristen v. Barbacsey in Gernsbach. ddto Rastadt den 25 April 1799.

Die französische Gesandtschaft, welche heute officiellement schriftlich erkläret hat, in Zeit
von 3 Tagen Rastadt verlassen zu wollen, hat
mir so eben einen Vorfall angezeigt, der
sich mit einem von ihnen dieser Tagen von hier
über Plittersdorf und Selz nach Frankreich
abgeschickten Kourier durch k. k. unter Ewer
Hochwohlgebohrn Regimentskommando stehenden Husaren zugetragen hat. Die Husaren
sollen nemlich diesem Kourier die bey sich gehabten Ministerial- und andere Briefschaften
abgenommen, in einen Sack geworfen, denselben

selben verſiegelt haben, und ein Huſar alſo mit demſelben abgeritten, der Kourier ſelbſt aber mit ſeinem Wagen und Effekten nach Rothenfels geführt worden ſeyn. Die gedachte franzöſiſche Geſandtſchaft hat mich dringend erſucht, mich bey Ewr. Hochwohlgebohrn in dieſer Sache baldmöglichſt zu verwenden.

Unmöglich kann ich glauben, daß die Handlung der Huſaren auf Ewr Hochwohlgebohren Befehl geſchehen ſey: ich darf aber nicht zweifeln, daß Ewr ꝛc. keinen Anſtand nehmen dürfen, alsbald zu befehlen, daß dieſer Kourier mit all jenem, was er bey ſich führt, freygeſtellt, und nach Frankreich zu gehen nicht weiter abgehalten werde, überhaupt aber der franzöſiſchen Geſandtſchaft, während der wenigen Tage ihres Aufenthaltes in Deutſchland diejenige ungeſtörte Sicherheit noch angedeihe, deren ſich noch alle geſandtſchaftliche Perſonen ohne alle Ausnahme bis zu ihrer Rückkehr in ihr Vaterland zu erfreuen haben.

Ich

Ich finde mich zu diesem sehr angelegentlichen Gesuch durch meine Pflicht sowohl, als durch sämmtliche Herren Subdelegirte aufgefordert, und füge nur noch die Versicherung bey, daß ich mit vollkommenster Hochachtung bin

Ewr Hochwohlgebohrn ꝛc.

Nro 2.

Schreiben

der k. preußischen Gesandschaft an den k. k. Obrist von Barbacsey in Gernsbach. ddto Rastadt den 25 April 1799.

Von den hier befindlichen franz. Gesandten wird uns unterzeichneten bevollmächtigten Ministern Sr. königl. Majestät von Preußen angezeigt, daß ein von ihnen abgesandter Kourier zwischen hier und Plittersdorf von k. k. Husaren angehalten, und nachdem ihm die bey sich gehabten Depeschen abgenommen, gefänglich

lich weggeführt worden sey; wobey dieselben uns, als die Bevollmächtigten eines mit beyden kriegführenden Mächten in freundschaftlichem Verhältniß stehenden Hofes, ersucht haben, uns bey Ewr Hochwohlgebohrn dahin zu verwenden, daß sowohl der Kourier wieder freygelassen, und die Depeschen wieder zurückgegeben, als auch für die kurze Zeit des Hierseyns gedachter Minister die Korrespondenz mit ihrem Gouvernement, so wie ihre über Selz vorhabende Rückreise nicht behindert werden möchte.

Wir glauben uns diesem Ersuchen nicht entziehen zu können, und vertrauen zuversichtlich, auch Ewr ꝛc. werden die Wünsche der gedachten franz. Minister, den allgemein angenommenen Grundsätzen des Völkerrechtes gemäß, und bey derer Erfüllung keinen Anstand finden. In dieser Erwartung, und mit Bezug auf die Gründe, welche der bey unserer Mission angestellte königl. Legationsrath, Hr. Gr. v. Bernstorf, Ewr ꝛc. bey Ueberreichung

chung dieses Schreibens mündlich zu eröffnen die Ehre haben wird, beharren wir in vorzüglicher Hochachtung

Ewr Hochwohlgebohrn

ganz ergebene Diener,

Görz. Jacobi. v. Dohm.

Nro 3.
Antwort

des k. k. Obrist von Barbacsey auf das Schreiben vom Hrn. v. Albini vom 25 April. ddto Gernsbach vom 25 April 1799.

Ewer Excellenz!

Da Unterzeichneter die Arretirung des franz. Kouriers, als auch dessen Briefschaften seiner höhern Militärbehörde, als einen Vorpostenvorfall anzeigen mußte, so findet er sich in dem Augenblicke außer Stand, dem dießfalls gnädigst geäußerten hochverehrlichen Wunsch Ewr Ex-

Excellenz befriedigende Folge leisten zu können, und verharret in tiefster Ehrfurcht

Ewr Excellenz

unterthäniger Diener,

v. Barbacsey Obrist.

Nro 4.

Relation

des Hrn. Grafen v. Bernstorf nach seiner Rückkehr von Gernsbach. ddto Rastadt den 26 April 1799.

Dem mir gestern Abend von den königl. bevollmächtigten Ministern ertheilten Auftrag zufolge fuhr ich heute Morgens um 5 Uhr in der Gesellschaft des markgr. badenschen Staatsministers, Frhrn. von Edelsheim, zu dem in Gernsbach cantonnirenden k. k. Obristen von Barbacsey, und übergab ihm das mir mitgegebene Schreiben der genannten königl. Minister. Nachdem sowohl der Hr. von Edelsheim im Namen des Markgrafen von Baden, als

Landes=

Landesherrn der Kongreßstadt Rastadt, als auch ich von Seiten der dortigen k. Gesandtschaft dem Herrn Obristen verschiedentlich vorgestellt hatten, wie äußerst beunruhigend für die franz. Minister es sey, einen ihrer Kouriere arretirt, und seiner Depeschen beraubt zu sehen, und wie sehr sie wünschen müßten, über die Sicherheit ihrer Korrespondenz sowohl, als ihrer auf übermorgen den 28 dieß festgesetzten Abreise etwas befriedigendes zu erfahren, so begnügte dem ohnerachtet der Herr Obrist sich schlechterdings damit, seiner in dieser Nacht an den Freyhrn. v. Albini ertheilten Antwort zu adhäriren, mit dem Zusaße: Er werde alles an ihn gebrachte sofort an die höhere Behörde befördern, und die zu erhaltende Antwort nach Rastadt einschicken. Ich hielt nunmehr für nöthig, ihm noch einige Fragen über die von ihm an seine Vorposten und Patrouillen etwa ertheilten Befehle zu thun, um zu erfahren, ob wenigstens bis zum Eingange der obenerwähnten Antwort Sicherheit für die Korrespondenz oder der Personen der fr. Minister statt finden wer-

werde, oder welcher Art von Pässen oder Escorte sie bedürfen würden. Allein der Herr Obrist v. Barbacsey erwiederte lediglich mit sichtbarer Laune: Er könne und werde auf nichts antworten, sondern blos den Brief der k. preuß. Herrn Minister an die Behörde einschicken. Die dem arretirten Kourier abgenommene Depeschen habe er gleichfalls eingesendet, und könne daher nichts weiter sagen. Etwas weiteres war auf keine Weise zu erlangen, und der Hr. Staatsminister von Edelsheim vermochte gleichfalls nicht mehr über die Verschlossenheit des Hrn. Obristen, worauf wir ihn nach einer etwa viertelstündigen Unterredung verließen.

Bernstorff.

Nro 5.
Schreiben

an den k. k. Obrist v. Barbacsey. ddto Ra=
stadt den 29 April, Morgens 3 Uhr.

Hochwohlgebohrner Herr,
    Hochzuverehrender Herr Obrister!

Ewer ꝛc. ist ohne Zweifel bereits der schreckli=
che Vorfall einberichtet, daß die franz. Mini=
ster, nachdem sie auf Ewr ꝛc. Ankündigung ge=
stern Abend von Rastadt abgereiset, die ver=
langte Escorte ihnen aber abgeschlagen worden,
dicht an hiesiger Stadt angefallen, und 2 der=
selben wurden ermordet. Die Unterzeichneten sind
sämmtlich Gesandte deutscher R. Stände, und
zum Theil von den ansehnlichsten europäischen
mit Sr. kaiserl. Majestät freundschaftlich ver=
bundenen Höfen. Als solche und als Men=
schen fühlen wir tief den gerechten Schmerz,
den ein so unglücklicher Vorfall Ewr ꝛc. als kom=
mandirender der hier eingerückten k. k. Trup=
pen

pen verursachen muß. Wir sind auf diesen von des Kaisers Majestät convocirten Friedenskongreß abgeordnet, waren jetzt sämmtlich von unsern Kommittenten abberufen, und im Begriff unsere Rückreise in den nächsten Tagen anzutreten, können aber dieselbe nunmehr eben so wenig verschieben, als ohne eine unser und unsers Gefolges Leben sichernde Escorte antreten, müßen also Ewr. ꝛc. ersuchen, uns eine solche militairische Escorte zu bewilligen. Wir reisen diesen Morgen sobald als möglich, und wir die nöthigen Pferde erhalten können, in 2 Abtheilungen; müßen aber Ewr. ꝛc. ersuchen, uns durch den Ueberbringer dieses, den k. preuß. Legationssekretär, Hrn v. Jordan, eine uns vollkommen beruhigende Antwort zu geben, indem wir auf allen Fall sowohl für die noch nöthige Dauer unsers Hierseyns, als für unsere Abreise Ewr. ꝛc. Namens unsrer höchsten Höfe bey Sr. kaiserl. Majestät allerhöchst selbst hiemit für uns, und der unsrigen Sicherheit responsabel machen.

Da auch von der franz. Gesandtschaft sich mehrere Personen, so wie auch die ligurische Gesandtschaft noch durch die Flucht gerettet, und wieder hieher gebracht sind, so halten wir uns auf das höchste verpflichtet, Ewr ꝛc. zu ersuchen, auch diese nebst ihren Effekten durch eine sichere Escorte über den Rhein führen zu lassen. Wir haben die Ehre, mit Hochachtung zu seyn,

   Ewer ꝛc.

       ergebenste Diener,

Königl. preuß. kurbrandenburg. Gesandtschaft	G. v. Görz. Freyhr. v. Jacobi. v. Dohm.
Königl. großbritann. und kurbraunschweig-lüneburgischer Gesandter	Frhr. v. Reden.
Königl. dänisch. und herz. hollstein-glückstädtischer Gesandter	Freyhr. v. Rosenkranz.
Kurpfalzbaier. Gesandter	Frhr. v. Rechberg.
Hessendarmstädt. Gesandt.	Frhr. v. Gatzert.
Abgeordnete der wetterauischen und westphälisch-protestant. Grafen	Gr. v. Solms-Laubach.
Gesandter der fürstl. nassauischen Häuser	v. Kruse.
Subdelegatus der Reichsstadt Frankfurt	Schweitzer.
Hessenkasselsch. Geschäftsträger	Gr. v. Taube.

Nro 6.

An den k. k. zu Rastadt kommandirenden Rittmeister von Burkhard.

Da die Familien und Gefolge der franz. Minister sich von dem unglücklichen mörderischen Anfall diese Nacht noch wieder in die Stadt geflüchtet, auch diesen Morgen der dritte franz. Minister Jean Debry selbst, obgleich in einem höchst traurigen Zustande ganz verwundet hier angekommen, so halten Unterzeichnete sich verpflichtet, so lange hier zu bleiben, bis gedachter Minister, und alle übrige zur franz. und ligurischen Gesandtschaft gehörige Personen sicher über den Rhein gebracht sind.

Sie ersuchen also den hier kommandirenden k. k. Herrn Rittmeister um eine Versicherung, daß, sobald der Zustand des blessirten Ministers Jean Debry, und der Gattinn des ermordeten Ministers Roberjot es erlaubet, sämmtliche zur franz. Gesandtschaft gehörige Personen

nen unter militairischer Bedeckung von badenschen Truppen nach Plittersdorf gebracht werden können, wobey es, wie sich von selbst versteht, allen und jeden hier befindlichen Gesandten der mit dem k. k. Hofe befreundeten Höfe, freystehet, sie zu begleiten; auch zugleich ein k. k. Officier und 2 Mann.

Unterzeichnete haben auf Verlangen des Hrn. Rittmeisters diesen schon mündlich vorgetragenen Antrag hiemit schriftlich wiederholen wollen, und ersuchen den Hrn. Rittmeister, die hierüber mündlich gegebene Zusage ebenmäßig schriftlich zu wiederholen.

Rastadt den 29 April 1799.

Königl. preußisch. bevollm. Minister	G. v. Görz. Freyhr. v. Jacobi. v. Dohm.
Königl. dänisch. herzogl. hollst. glückstädt. Ges.	v. Rosenkranz.
Königl. großbrittan. kurbraunschweig=lüneburg. Gesandter	Frhr. v. Reden.
Kurpfalzbaier. Gesandter	Frhr. v. Rechberg.
Badischer Staatsminister	Frhr. v. Edelsheim.

Nro 7.

Antwort

des k. k. Obrist Barbacſey auf vorſtehendes Schreiben (N. 5.) ddto Staabsquartier Gernsbach den 29 April 1799.

Eure Excellenzen!

Auch ich fühle mich tief gebeugt durch den Schmerz, den mir die Nachricht jener ſchrecklichen That verurſacht, die, wie ich erſt aus höchſtderenſelben Erlaſſe mit Gewißheit vernehmen muß, an den Geſandtſchaftsperſonen der franz. Nation durch einige raubſüchtige Gemeine unter dem Schutze der Nacht begangen worden ſey.

Seyen Ewr Excell. überzeugt, daß in meinem ohngeachtet durch manche mitgemachte Schlacht abgehärteten Buſen dennoch ein Herz ſich reget, welches über derley Gräuelthaten ſich entſetzet, und zu eben ſo unnatürlicher Rache, wie das Verbrechen jener Raubſüchtigen war, im höchſten Grade gereitzt wird.

Ich

Ich gebe nun den Augenblick den Befehl, daß ein Officier mit einem Kommando der sich glücklich geretteten franz. Gesandtschaft bis an den Rhein Sicherheitsgeleit leiste, so wie ich unverzüglich jene Verbrecher gefänglich einziehen lasse, die ich unter meinem Kommando gehabt zu haben Zeit meines Lebens mit innigster Wehmuth fühlen muß. Was die Begleitung der übrigen hochansehnlichen Gesandtschaften betrift, so erlaubt mir die Lage nicht, von dieser Gegend meine Truppen zu zerstreuen; und ich bin überzeugt, daß Niemand etwas zu befürchten haben wird, so wie auch zu dieser Greuelthat nie jene von Plünderungssucht geblendete Verbrecher sich herbeygelassen haben würden, wenn die franz. Gesandtschaft, welche 24stündige Frist zur Abreise bekam, beym Tage abgereiset wäre.

Ich bitte daher, geruhen Ew. Excell. eben so von meinem biederdenkenden und tiefgekränkten Herzen überzeugt zu seyn, als ich unaufhörlich in tiefster Ehrfurcht verharre Ewr Excellenzen

unterthäniger Diener,

v. Barbacsey, Obrist.

Nro. 8.

Aktum Rastadt den 29. April, 1799.

Præsens. Herr Hofrath, und geheimer Sekretär Posselt.

Aus Auftrag der markgräfl. badenschen Subdelegation bey dem hiesigen Reichsfriedenskongreß hat Nebenstehender diejenigen 4 herrschaftliche Postillions, welche die bevollmächtigten franz. Minister gestern Abends über Plittersdorf nach Selz führen sollten, summarisch, und vorläufig vernommen, was sie von dem ersagten französischen Ministern auf solcher Reise zugestoßenen Unglück anzugeben wissen, und sie ermahnet, ihre Aussage gewissenhaft, und der Wahrheit gemäß einzurichten.

1.) Andreas Caspar, herrschaftlicher Postillion in dem fürstl. Marstall zu Karlsruh, von da gebürtig, 33 Jahre alt, evangelischer Religion, deponirt:

Er

Er habe in der ersten Chaise den Minister Jean Debry mit seinen Frauenzimmern geführt. Beym Abfahren aus dem Schloß sey ihm vom Minister Bonnier der Befehl gegeben worden, auf etwaiges Anhalten, und Befragen, wen er führe, zu sagen, daß er und seine Kammeraden die französischen Gesandten führten. Dieses Anhalten sey, wie sie am Rheinauerthor hätten fortfahren dürfen, von 6 kaiserl. Husaren am Anfang der nach der Rheinau führenden Allee geschehen, auch das Anfragen erfolgt, worauf er das Obbefohlene angegeben, und auf weiteres Befragen, wo der Minister Bonnier sey, und wen er führe, geantwortet habe, daß Bonnier in der zweyten Chaise folge, in seiner aber der Minister Jean Debry mit seinen Frauenzimmern sey. Auf dieses hin seyen weit mehr Husaren, die sich immer mehr vermehrt hätten, gleich an die Chaise gesprungen, hätten auf der einen Seite den Minister Jean Debry — auf der andern aber seine Damen herausgerissen, und durchaus ausgesucht, und er selbst habe von einem Husaren ei-

nen

nen Säbelschlag über die Schultern bekommen, und sich darauf zwischen seinem Sattel und Handgaul herabgelassen. Dabey sey er befragt worden, wem er angehöre, und auf die Antwort, daß sie, die Kutscher dem Herrn Markgrafen von Baden angehörten, versichert worden, daß ihnen nichts Leids geschehen werde. Wie es hernach dem Minister Jean Debry ergangen sey, wisse er nicht, die Damen seyen aber wieder in die Chaise gebracht worden, die er dann erst, nachdem die Geschichte vorbey gewesen, habe zurück führen dürfen.

2.) Jakob Ohnweiler, herrschaftl. Vorreiter — im fürstl. Marstall in Karlsruhe, und von da gebürtig, 24 Jahre alt, evangelischer Religion, sagt aus:

Den Vorgang mit Hauen auf den Minister Jean Debry habe er gesehen, in der Zeit aber seyen mehrere Husaren auch auf seine Chaise, (die eigentlich die dritte gewesen, indem nach des Kaspars Fuhr der Hoppas mit dem Koch des Minister Bonnier gefolgt sey) losgesprengt,

und

und ihn gefragt, wer in seiner Chaise sey? Er habe nach der Wahrheit erwiedert, daß er den Minister Bonnier führe: worauf mehrere Husaren, deren Anzahl er nicht bestimmen könne, auf beyden Seiten des Schlages geritten, und gerufen hätten: „Bonnier, steig heraus! zugleich aber die Fenster zusammengeschlagen, den Minister herausgerissen, und neben seinem Sattelgaul vor seinen Augen zusammengehauen, und todt darnieder gestreckt haben. Sie hätten ihn, den Minister, hernach ganz ausgeplündert, auch an dem Wagen desselben Plünderungen vorgenommen. Er glaube übrigens von dem Minister Bonnier, der französisch lamentirt habe, das Wort Pardon! mehrmalen gehört zu haben, welches aber auch nach dem angezeigten keine Würkung gehabt habe. Dann habe er halten müßen, bis er mit der Chaise zurückfahren dürfen, welches dann, wie bey den andern, ans Ettlingerthor dahier geschehen müssen. Von den Vorgängen bey den Fuhren hinter ihm wisse er nichts, da in seiner Lage er kaum auf sich selbst denken können.

3.)

3.) Jakob Weiß, herrschaftlicher Bau-fuhrknecht in Gottsau, von da gebürtig, 34 Jahre alt, evangelischer Religion, deponirt:

Er habe in der vierten Chaise den Sekretär Rosenstiel geführt; habe das Anhalten der vordern Chaisen durch die kaiserl. Husaren, und dann das Herausreißen der Minister Jean Debry, und Bonnier deutlich gesehen. Die Mißhandlung des erstern sey etwas zu weit von ihm entfernt gewesen, als daß er etwas bestimmtes habe bemerken können. Deutlich aber habe er gehört, daß die Husaren herangesprengt seyen, und geschrien hätten: Wo ist Bonnier? auch eben so gesehen, wie der Minister Bonnier aus dem Wagen herausgerissen, und schon während des Herausreißens an den Beinen mit Säbelhieben behandelt, auch endlich, nachdem er gleich anfangs zu Boden gestürzt, ganz zusammen gehauen worden sey.

An seine Chaise sey übrigens kein Husar gekommen, auch keine Frage an ihn erfolgt, wen

er

er führe? wie er denn erst bey gelegenheitlichem Umschauen nach des Roberjot Chaise und dem Vorgange mit dem Minister Bonnier gesehen, daß er Niemand mehr in seinem Fuhrwerk habe.

Was den Minister Roberjot betreffe, so seyen die Husaren, nachdem sie die That an dem Minister Bonnier vollbracht gehabt, auf dessen Chaise los, und hätten ihn ebenfalls an dem Sattelgaul des Kutscher Glasners zusammen gehauen, wobey er bemerkt habe, daß, nachdem Roberjot schon zu Boden gestreckt und in seinem Blute gelegen, aber noch einige Anzeigen des Lebens von sich gegeben hätte, ein Husar zu Fuße ihm noch wenigstens 6 Säbelhiebe gegeben, und das letzte Lebenslicht vollends ausgelöscht habe, bey welcher Gelegenheit dem Glaßner ein Strang an seinen Pferden abgehauen worden sey.

4.) Jakob Glaßner, herrschaftlicher Postillion im fürstl. Marstall zu Karlsruhe, 41 Jahr alt, evangelischer Religion, ließ sich vernehmen:

Von

Von den Vorgängen an den vordern Chaisen wisse er nichts, aber seine Chaise sey zu gleicher Zeit, wie er glaube, von den kaiserl. Husaren angegriffen, auch er zuerst gefragt worden, wen er führe? den Nahmen seines Herrn in der Chaise habe er nicht gewußt, und also seine Unwissenheit vorgeschützt, worauf die Husaren an den Bedienten auf den Bock sich gewendet, und von solchem den Namen seines Herrn, des Ministers Roberjot, erfahren hätten. Dann habe es geheißen: So das ist der! hätten darauf den Schlag aufgemacht, und den Minister herausgerissen, hervorgeschleppt, sofort auf ungarischen Befehl eines Wachtmeisters oder Corporals an seinem Sattelpferde mit unzähligen Säbelhieben gräulich darnieder gestreckt, ihm alles, was er bey sich gehabt, genommen, unter andern einen Ring vom Finger gezogen, und jenes Hauen bey nachher noch verspürter Lebensbewegung bis zum Ausgang wiederholt. Ihm seyn mehrere Säbelhiebe aus diesem Anlaß dicht am Leibe heruntergefahren, auch durch einen derselben ein Strang an den Pferden ab-

ge-

gehauen worden. Die Rückkehr sey nachher mit den andern erfolgt. Die Madame Robertjot hätten die Husaren auch herausgerissen, die auf gebrochen Deutsch öfters gebethen habe, sie mit ihrem Manne auch todt zu hauen. Ob sie sonst mißhandelt worden sey, wüßte er nicht, denn seine eigne Angst, und der Vorfall an seinem Sattelgaul sey natürlich so groß gewesen, daß er seine Besinnungskraft unmöglich beybehalten können.

Actum quo supra.

L. J. C. Müller,
qua actuarius.

Nro

Nro. 9.

Schreiben

an den Herrn Markgrafen von Baden hochfürstl. Durchlaucht. ddto. Karlsruhe den 1. May 1799.

Wir unterzeichnete, zu dem Friedenscongreß in Rastadt bevollmächtigt gewesene Gesandte, und abgeordnete deutscher Reichsstände haben es für unsere Pflicht gehalten, von dem höchsttraurigen Vorgange, dessen handelnde, und besonders leidende Zeugen zu seyn wir das Unglück gehabt, mit gewissenhafter Genauigkeit eine Darstellung zu entwerfen, die wir unsern höchsten Höfen, und Committenten, so wie auch des Hrn. Erzherzogs Karl königl. Hoheit als kommandirenden General der k. k. Armee, als durchaus wahr verbürgen könnten.

Obgleich wir Ewer hochfürstl. Durchlaucht durch höchstdero Behörden von dieser schrecklichen Begebenheit bereits unverrichtet voraussetzen

tzen dürfen, so glauben wir doch höchstbenselben als Landesherrn dieses unser Zeugniß, das zum Theil Thatsachen befaßt, welche außer dem Bemerkungskreise der Rastadter Localobrigkeit lagen, ehrerbietigst darlegen zu müßen.

Zu den manchfachen schmerzhaften Empfindungen dieses Augenblicks gehört auch diese, daß wir eine so traurige Veranlassung erhalten, Euer hochfürstl. Durchlaucht nochmals vereint unsern unterthänigsten Dank für alle während unsers Aufenthalts in höchstdero Landen uns bezeigte Huld, so wie die tiefe Ehrfurcht zu bezeugen, mit der wir 2c.

―――――――――

Nro.

Nro. 10.

Schreiben

an des Erzherzogs Karl königl. Hoheit.
ddto. Karlsruhe den 1. May 1799.

Wir unterzeichnete zu dem Friedenskongreß in Rastadt bevollmächtigt gewesene Gesandte, und Abgeordnete deutscher Reichsstände haben es für unsere Pflicht gehalten, von dem höchsttraurigen Vorgang, dessen handelnde, und besonders leidende Zeugen zu seyn wir das Unglück gehabt, mit gewissenhafter Genauigkeit eine Darstellung zu entwerfen, die wir unsern höchsten Höfen, und Committenten, so wie auch des Herrn Markgrafen von Baden hochfürstl. Durchlaucht als Landesherrn, als durchaus wahr verbürgen könnten.

So sehr wir es empfinden, in wie hohem Grade diese Nachricht Euer königl. Hoheit großen und edeln Herzen schmerzhaft seyn werde; so glauben wir doch, die Ehrfurcht, die wir höchstdemselben schuldig sind, verpflichte uns, vorzüglich Ew. königl. Hoheit als kommandirenden General der k. k. Armee diese nähere Darstellung so schnell wie möglich unterthänigst vorzulegen, weßhalb wir den bey der königl. dänischen Gesandschaft angestellten Kammerjunker, Freyhrn. von Eyben, abgesandt, um die Gnade zu haben, dieses Euer königl. Hoheit unterthänigst zu überreichen.

Wir ersterben mit tiefgebeugtem Herzen, und in tiefster Ehrfurcht ꝛc.

Nro.

Nro 11.

Hoch- und Wohl- auch Wohlgebohrne,
Hoch- und vielgeehrte Herren!

Aus der Zuschrift Ewr Excellenzien, Hoch- und Wohl- auch Wohlgebohrnen vom 1ten laufenden Monats mit der beygeschlossenen Darstellung habe ich das Umständliche des traurigen Ereignisses unweit Rastadt ersehen.

Den 1ten laufenden Monats erhielt ich über dasselbe die erste Meldung; unverweilt ließ ich den Vorpostenkommandanten in Verhaft nehmen, und die Sache wird bereits mittelst einer Kommission auf das strengste und genaueste untersucht. Ich behalte mir vor, Euren Excell. Hoch- und Wohl- auch Wohlgebohrnen das Resultat derselben zur Zeit bekannt zu machen. Inzwischen kann ich denselben nicht genug ausdrücken, wie schmerzhaft mir ein solcher Vorfall ist, und ich ersuche Sie, sich zum voraus überzeugt zu halten, daß die öffentliche Genug-
thuung

thuung der kriegsrechtlichen Entscheidung im vollen Maaße entsprechen wird. Von dem Schreiben, welches ich an den feindlichen en chef kommandirenden in dem Augenblick, als ich den ersten Rapport über diesen Vorgang erhielt, habe ergehen lassen, theile ich Euren Excellenzien, Hoch- und Wohl- auch Wohlgebohrnen in der beyliegenden Anlage eine Abschrift mit.

Ich beharre mit ausgezeichneter Hochachtung und aufrichtiger Zuneigung

Euer Excellenzien, Hoch- und Wohl- auch Wohlgebohrnen

Hauptquartier Stockach
den 4ten May 1799.

Dienst- freund- und geneigtwilliger

E. Karl. m. p.

Nro

Nro 12.

Au Général Masséna, commandant en chef de l'armée française.

Stockach le 2 mai 1799.

GENERAL!

Les rapports, que je reçois aujourd'hui, m'apprennent un événement, qui s'est passé dans la ligne de mes avant-postes.

Le commandant me rend compte, que les Ministres français Bonnier et Roberjot, ayant traversé pendant la nuit la chaine de ses postes, y ont été attaqués par les hussards et ont malheureusement péri. Les circonstances de cet événement ne me sont pas encore connues. En attendant j'ai fait dans le premier moment arrêter le commandant de ces avant-postes, et j'ai en même tems nommé une commission pour faire les perquisitions les plus exactes et les plus sévères sur les causes de cet accident.

Je

Je m'empresse de vous faire d'avance la promesse, qu'autant que mes postes avancés se seraient le moins du monde rendus coupables dans cette affaire, j'en donnerai une satisfaction tout aussi éclatante, que mes ordres relatifs à la sureté personnelle des Ministres français étoient précis et réitérés. Je ne puis assez vous exprimer, combien je regrette, qu'un tel désastre ait eu lieu dans la ligne de mes avant-postes. Je me reserve, Général, de vous faire connoître sans délai le résultat des recherches, que j'ai ordonnées dès le premier avis, qui m'est parvenu. Recevez, Général, les assurances des sentiments de ma considération la plus distinguée.

CHARLES.

Die Fortsetzung folgt.